Kreuze an

Fabrik

Sofa

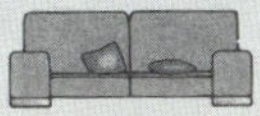 

Rakete

Lego

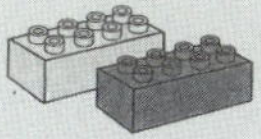 

Muschel

Motorrad

Regal

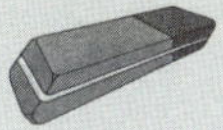 

Lupe

Ampel

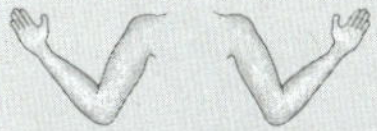 

2 Kreuze an

Feder

 [x]
 [ ]

Roboter

 [ ]
 [x]

Lose

[x]
 [ ]

Nase

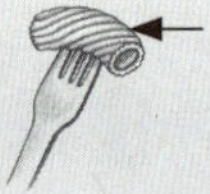 [ ]
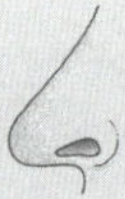 [x]

Nagel

 [x]
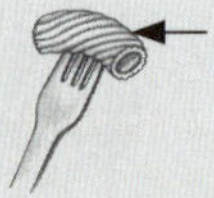 [ ]

Ente

 [ ]
 [x]

Laterne

 [ ]
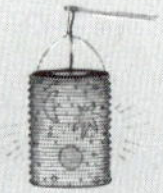 [x]

Segel

 [x]
 [ ]

Insel

 [x]
 [ ]

Kreuze an

Lineal

 ☐
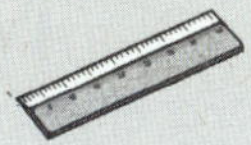 ☒

Limo

 ☒
 ☐

Regen

 ☐
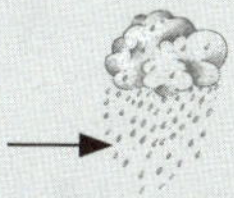 ☒

Fische

 ☐
 ☒

Melone

 ☒
 ☐

Mikrofon

 ☒
 ☐

Salat

 ☒
 ☐

Nudel

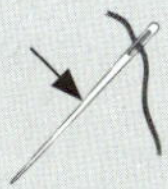 ☐
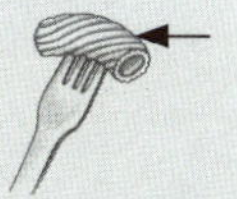 ☒

rosa

 ☒
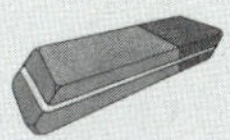 ☐

Kreuze an

- [ ] Lu
- [x] La
- [ ] Le

- [ ] Fu
- [x] Fa
- [ ] Fo

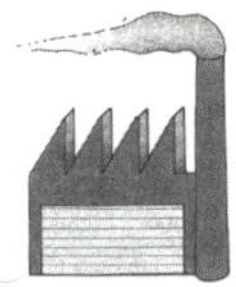

- [ ] Ne
- [ ] Nu
- [x] Na

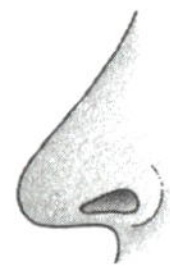

- [ ] Fo
- [ ] Fu
- [x] Fe

- [ ] So
- [ ] Si
- [x] Sa

- [x] Lu
- [ ] Le
- [ ] La

- [ ] Mo
- [x] Me
- [ ] Mu

- [ ] Ru
- [ ] Re
- [x] Ra

- [ ] Af
- [ ] As
- [x] Am

Bildauswahl: Laterne, Fabrik, Nase, Feder, Salat, Lupe, Melone, Rakete, Ampel

Kreuze an

☐	La	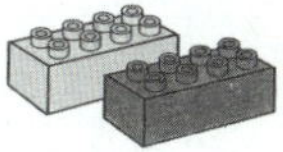
☒	Le	
☐	Lo	⌴⌴

☒	Na	
☐	Ni	
☐	Nu	⌴⌴

☐	Ru	
☐	Ro	
☒	Re	⌴⌴

☐	Sa	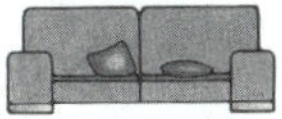
☐	Se	
☒	So	⌴⌴

☐	Me	
☐	Mi	
☒	Mu	⌴⌴

☐	Re	
☐	Ra	
☒	Ro	⌴⌴⌴

☐	Er	
☐	Es	
☒	En	⌴⌴

☒	In	
☐	Ir	
☐	If	⌴⌴

☒	Un	
☐	Us	
☐	Ur	⌴⌴

Bildauswahl: Lego, Nagel, Regal, Sofa, Muschel, Roboter, Ente, Insel, Unfall

6 Kreuze an

- [ ] Ma
- [x] Mo
- [ ] Me

- [ ] Ra
- [x] Ro
- [ ] Re

- [ ] Sa
- [ ] Si
- [x] Se

- [ ] Ru
- [ ] Ra
- [x] Re

- [ ] Lo
- [x] Li
- [ ] La

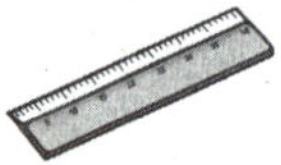

- [ ] Ma
- [x] Mi
- [ ] Mo

- [x] Na
- [ ] Ni
- [ ] Nu

- [ ] Na
- [ ] Ni
- [x] Nu

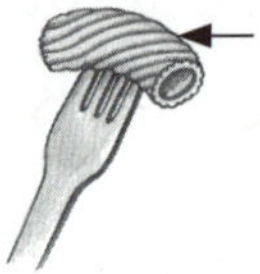

- [ ] ra
- [ ] ri
- [x] ro

Bildauswahl: Motorrad, Rose, Segel, Regen, Lineal, Mikrofon, Nadel, Nudel, rosa

Kreuze an

- [ ] Lem
- [ ] Lum
- [x] Lam

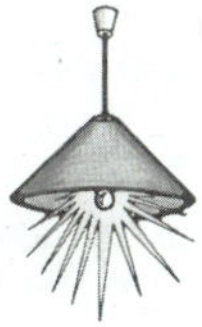

- [ ] Nol
- [x] Nil
- [ ] Nal

- [ ] Nus
- [x] Nas
- [ ] Nes

- [ ] Wal
- [ ] Wel
- [x] Wol

- [ ] Sun
- [ ] Sen
- [x] San

- [x] Ran
- [ ] Ren
- [ ] Run

- [x] Man
- [ ] Min
- [ ] Mun

- [ ] Mes
- [ ] Mis
- [x] Mas

- [ ] Wam
- [x] Wim
- [ ] Wom

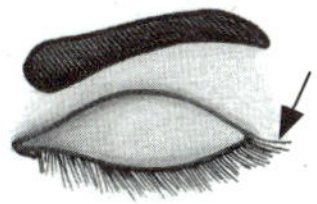

Bildauswahl: Lampe, Nilpferd, Nashorn, Wolke, Sandalen, Ranzen, Mantel, Maske, Wimpern

Kreuze an

Pfeife

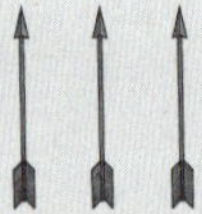

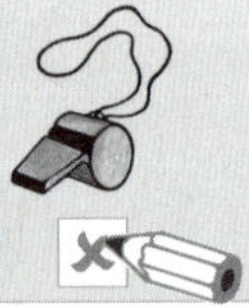

Rose

Kiwi

Nase

Vase

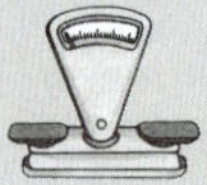

Schafe

Löwe

Birne

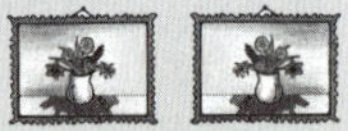

Domino

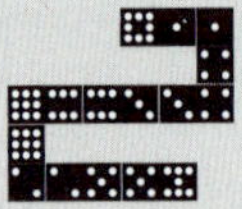

Sche re

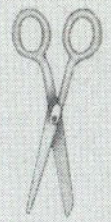 [x]
 [ ]

So fa

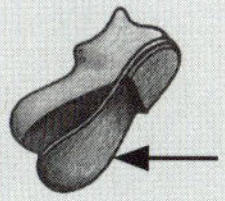 [ ]
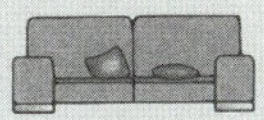 [x]

Ki no

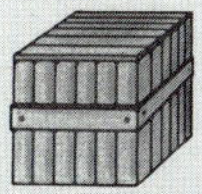 [ ]
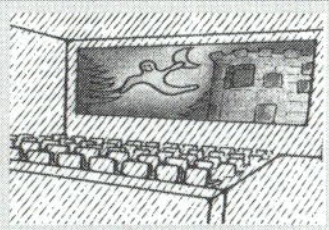 [x]

Eu le

 [x]
 [ ]

Zi tro ne

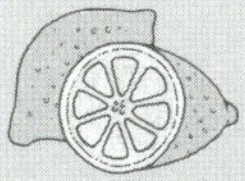 [x]
 [ ]

Brem se

 [ ]
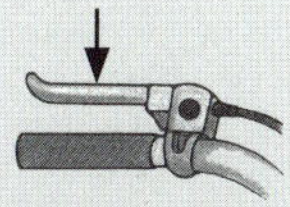 [x]

Di no

 [x]
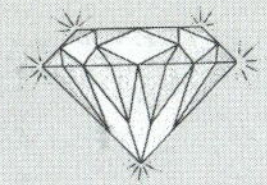 [ ]

Eu ro

 [ ]
 [x]

Kä se

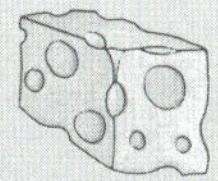 [x]
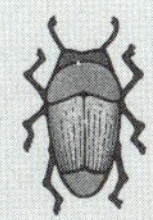 [ ]

Kreuze an

Krone

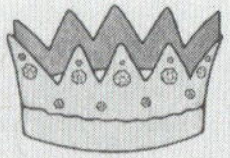 ☒

 ☐

Palme

 ☒

 ☐

Schleife

 ☒

 ☐

Wale

 ☐

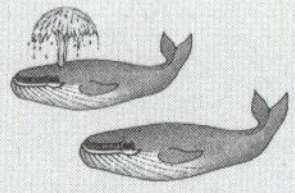 ☒

Leine

 ☐

 ☒

Arme

 ☐

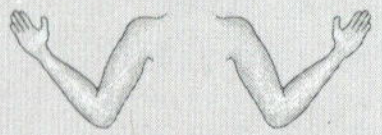 ☒

Hase

 ☐

 ☒

Höhle

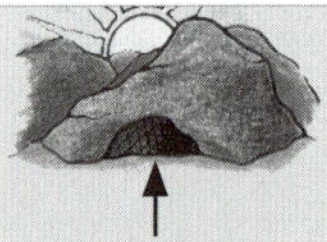 ☒

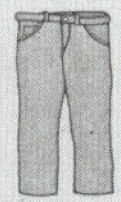 ☐

Banane

 ☐

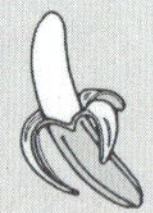 ☒

Kreuze an

Tafel

 ☒

 ☐

Kamel

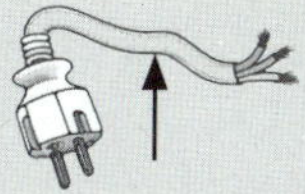 ☐

 ☒

Pinsel

 ☒

 ☐

Würmer

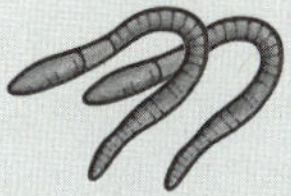 ☒

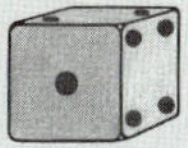 ☐

Besen

 ☒

 ☐

Löwen

 ☒

 ☐

Eimer

 ☐

 ☒

Käfer

 ☒

 ☐

malen

 ☐

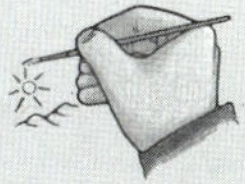 ☒

Verbinde

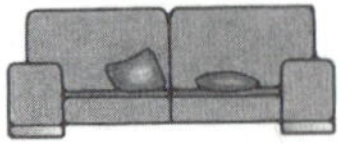

Ina

Ole

Ufo

Los

Wal

Sofa

Oma

Ofen

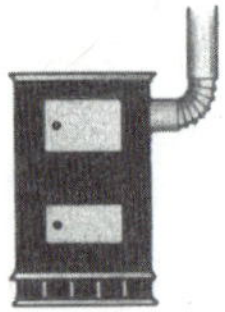

Verbinde

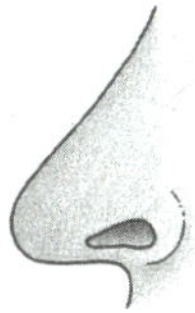

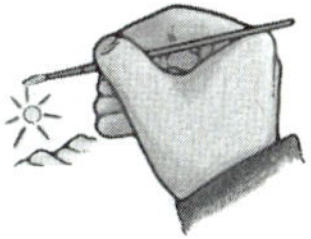

Esel

Limo

Rose

Nase

lesen

Lama

Name

malen

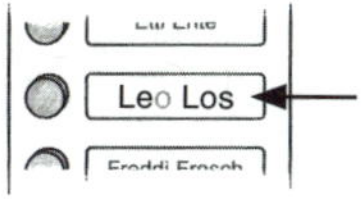

Verbinde

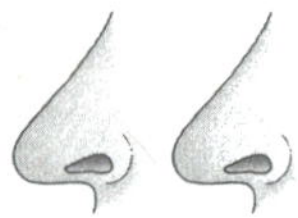

Nino Leo Ina
Mia Lea Nina

Ufos

Lose

Wale

Sofas

Rosen

Nasen

Lamas

Namen

Kreuze an

- [ ] Los
- [x] Leo

- [x] Maler
- [ ] Mama

- [ ] Ofen
- [x] Omas

- [x] rot
- [ ] Rose

- [x] lila
- [ ] Limo

- [ ] Rom
- [x] rosa

Kreuze an

Paket

☐

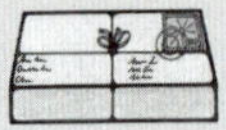
☒

Tafel

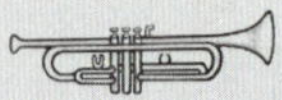
☐

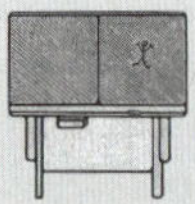
☒

Telefon

☒

☐

Tiger

☒

☐

Pokal

☐

☒

Pirat

☐

☒

Kiwi

☒

☐

Kuchen

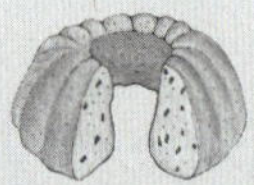
☒

☐

Kamel

☐

☒

Kreuze an

- [ ] Te
- [ ] Tu
- [x] Ta

- [x] Ku
- [ ] Ki
- [ ] Ke

- [ ] Pe
- [ ] Pu
- [x] Pa

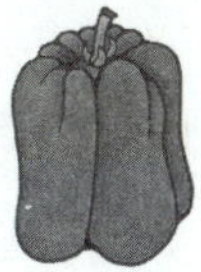

- [x] To
- [ ] Ta
- [ ] Te

- [ ] Ka
- [x] Ki
- [ ] Ku

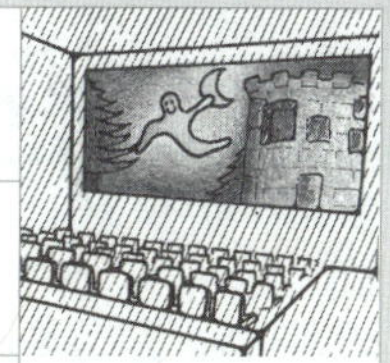

- [ ] Ta
- [ ] Te
- [x] Tu

- [ ] Ku
- [x] Ke
- [ ] Ko

- [x] Pa
- [ ] Pi
- [ ] Pu

- [x] Ka
- [ ] Ko
- [ ] Ke

Bildauswahl: Tasche, Kugel, Paprika, Tomate, Kino, Tube, Kegel, Papagei, Kalender

Kreuze an

Dino

 [x]

 [ ]

Besen

 [ ]

 [x]

Banane

 [x]

 [ ]

Bogen

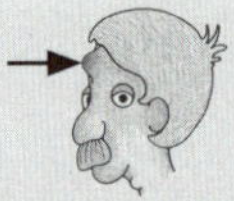 [ ]

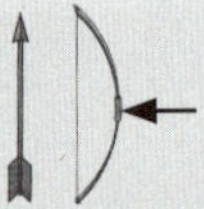 [x]

Dose

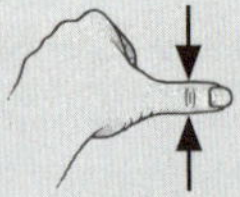 [ ]

 [x]

Giraffe

 [ ]

 [x]

Gabel

 [ ]

 [x]

Gemüse

 [x]

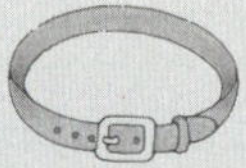 [ ]

Dusche

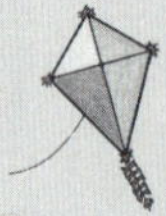 [ ]

 [x]

Kreuze an

- [x] Be
- [ ] Bi
- [ ] Bo

- [ ] Ga
- [ ] Gu
- [x] Ge

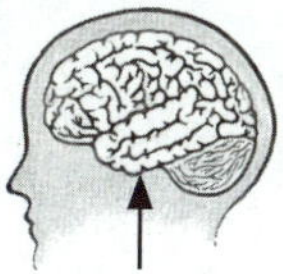

- [ ] De
- [x] Do
- [ ] Da

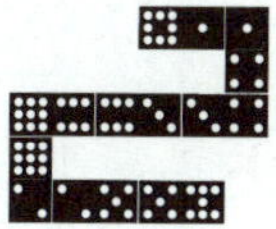

- [ ] Ga
- [x] Gi
- [ ] Gu

- [x] Bu
- [ ] Be
- [ ] Ba

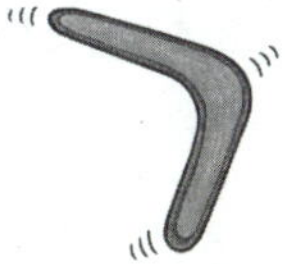

- [x] Ge
- [ ] Gu
- [ ] Go

- [ ] Du
- [x] De
- [ ] Da

- [ ] Ga
- [x] Ge
- [ ] Go

- [ ] Bu
- [x] Ba
- [ ] Be

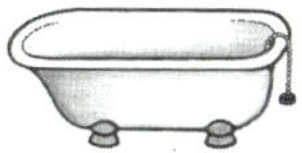

Bildauswahl: Becher, Gehirn, Domino, Gitarre, Bumerang, Geschenk, Detektiv, Gespenst, Badewanne

Kreuze an

- [ ] Bal
- [x] Bil
- [ ] Bol

- [ ] Dul
- [ ] Dil
- [x] Del

- [ ] Kus
- [x] Kis
- [ ] Kos

- [ ] Kan
- [x] Kin
- [ ] Kun

- [ ] Kus
- [ ] Kis
- [x] Kas

- [ ] Pan
- [x] Pin
- [ ] Pon

- [x] Pal
- [ ] Pil
- [ ] Pul

- [ ] Pal
- [x] Pil
- [ ] Pul

- [ ] Pen
- [ ] Pin
- [x] Pan

Bildauswahl: Bilder, Delfin, Kiste, Kinder, Kastanien, Pinsel, Palme, Pilze, Panda

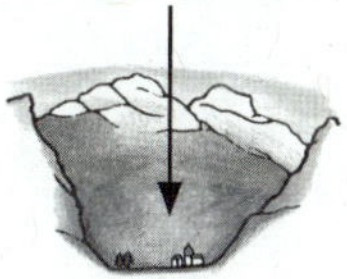

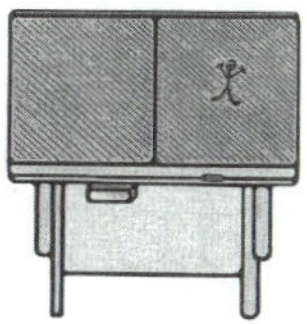

Tal

Bus

Kiwi

Karo

Tafel

Dose

Kanu

Besen

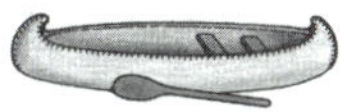

Kreuze an

- [x] Tor
- [ ] Ton

- [x] Kuli
- [ ] Kufe

- [ ] Kilo
- [x] Kino

- [x] Dino
- [ ] Dame

- [ ] Pilot
- [x] Pirat

- [ ] Kamin
- [x] Kamel

Kreuze an

Ente

[ ]

[x]

Wolke

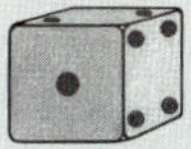
[ ]

[x]

Flöte

[ ]

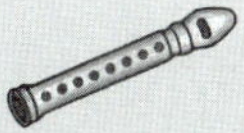
[x]

Gurke

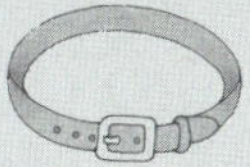
[ ]

[x]

Hupe

[ ]

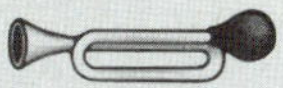
[x]

Raupe

[x]

[ ]

Lupe

[x]

[ ]

Auto

[ ]

[x]

Paprika

[ ]

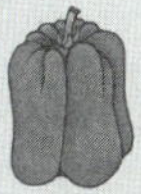
[x]

Kreuze an

Haken

☐

☒

Leiter

☐

☒

Ampel

☐

☒

Knoten

☒

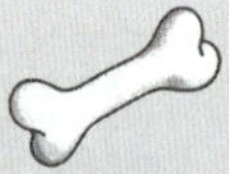
☐

Schaukel

☒

☐

Stempel

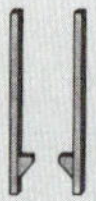
☐

☒

Mantel

☒

☐

Paket

☐

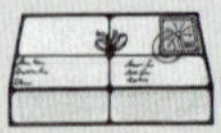
☒

Lampen

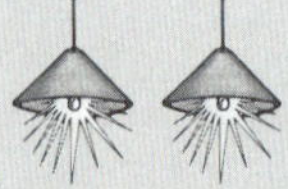
☒

☐

Opa

Foto

Note

Lupe

Papa

Kater

Pokal

Paket

Kreuze an

Pan**da**

☒

☐

Lego → Le**go**

☒

☐

Krei**de**

☐

☒

Au**ge**

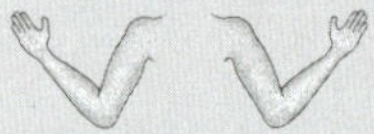
☐

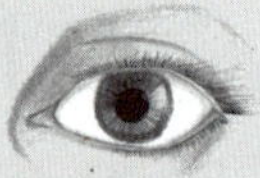
☒

Er**de**

☐

☒

Far**be**

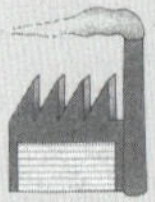
☐

☒

Nar**be**

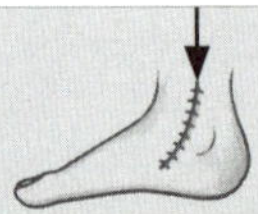
☒

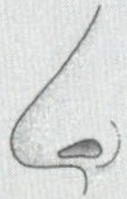
☐

Schrau**be**

☐

☒

Waa**ge**

☐

☒

Nagel

 ☒
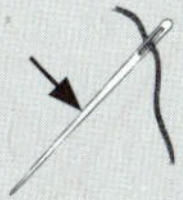 ☐

Kürbis

 ☒
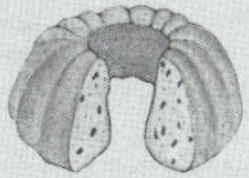 ☐

Nudel

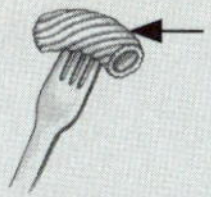 ☒
 ☐

Sieben

 ☒
 ☐

Kinder

 ☐
 ☒

Regal

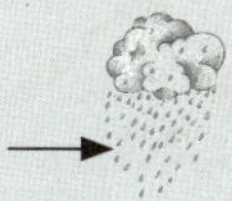 ☐
 ☒

Tiger

 ☒
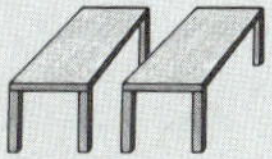 ☐

Kabel

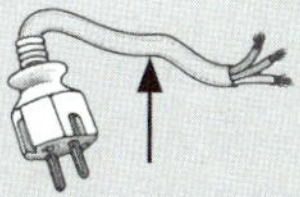 ☒
 ☐

Krokodil

 ☒
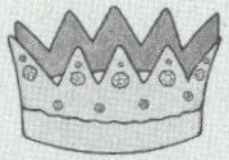 ☐

Verbinde

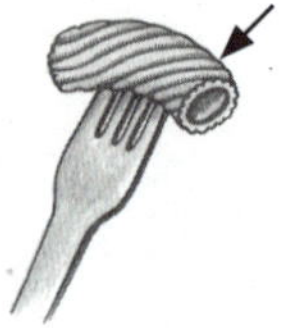

fegen

Feder

Regal

Nadel

Nudel

Ruder

Faden

Regen

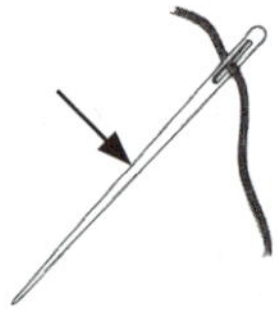

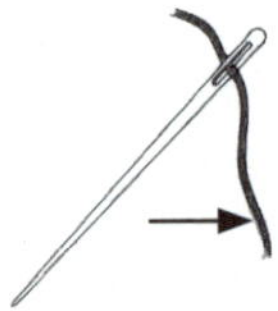

Verbinde

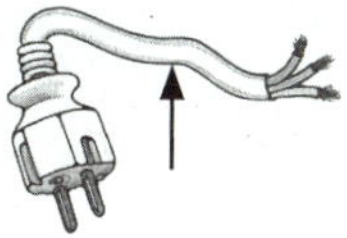
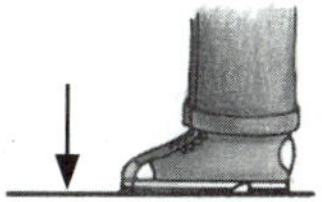

Tube

Tiger

Pudel

Kugel

Kegel

Kabel

Boden

Bogen

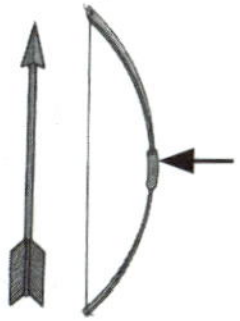

Kreuze an

- [x] Igel
- [ ] Idol

- [ ] sagen
- [x] Segel

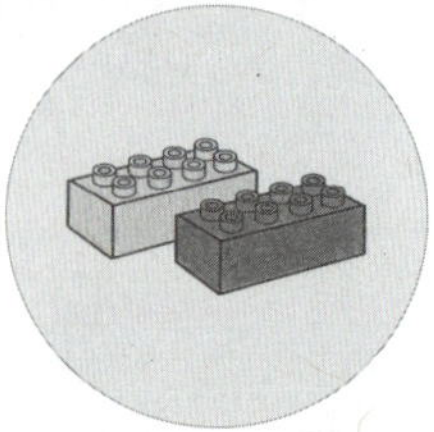

- [ ] legen
- [x] Lego

- [x] Nagel
- [ ] Nadel

- [ ] geben
- [x] Gabel

- [ ] Rebe
- [x] Rabe

Rakete

Telefon

Melone

Tomate

Ananas

Kanone

Domino

Banane

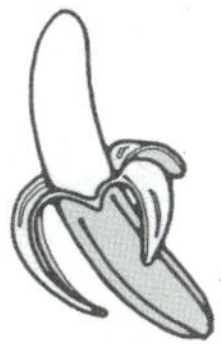

Kreuze an

☐ Piloten

☒ Pokale

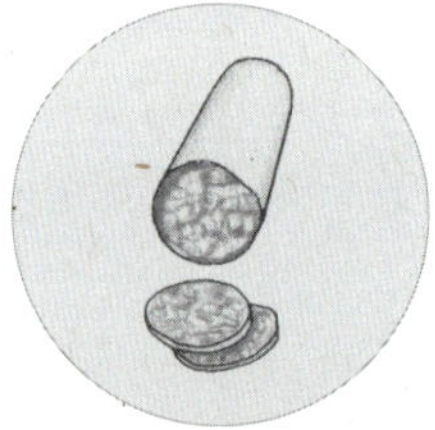

☐ Salate

☒ Salami

☐ Rosine

☒ Roboter

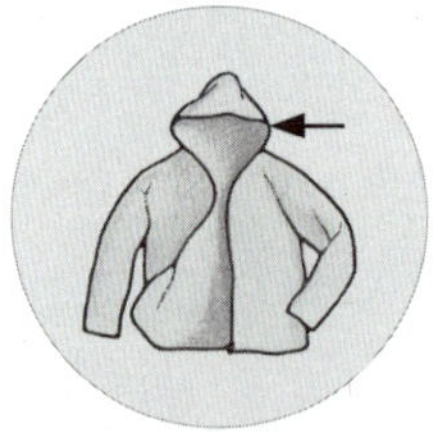

☐ Kabine

☒ Kapuze

☒ Pelikan

☐ Pakete

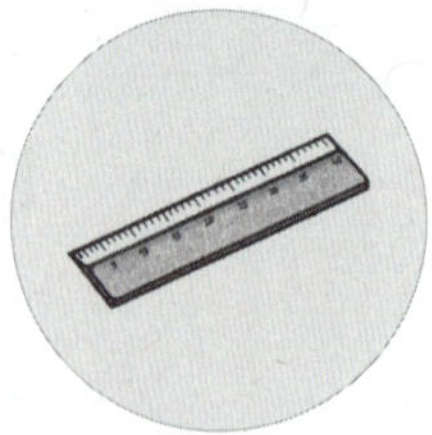

☒ Lineal

☐ Limonade

Verbinde

Hut

Hufe

Hose

Hase

Hupe

Hebel

heben

Haken

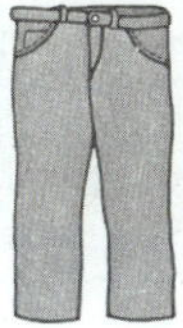

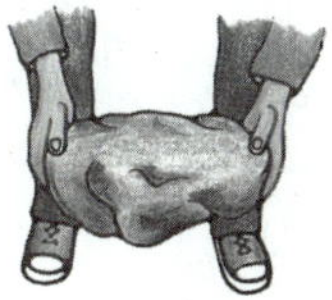
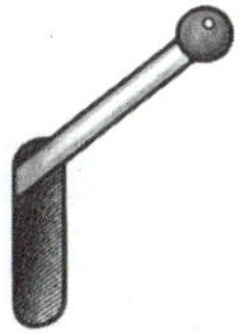

Verbinde

Ball

Null

Bett

Fass

Nuss

Mann

Lamm

Kamm

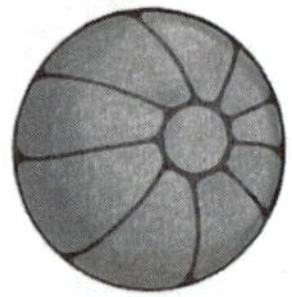

Verbinde

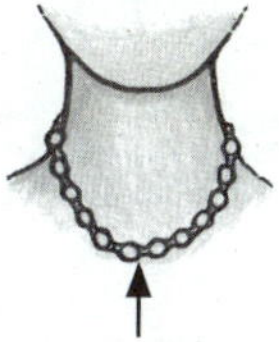

Affe

Kette

Koffer

Kappe

Suppe

Sonne

Kissen

Sessel

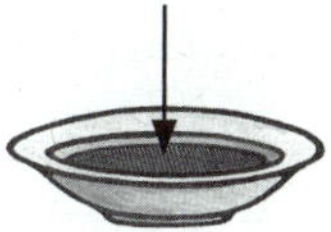

Verbinde

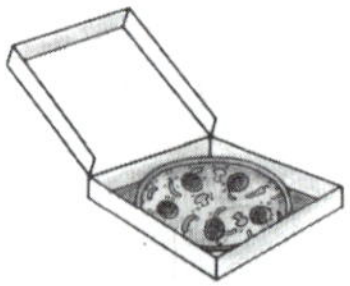

N 1234567

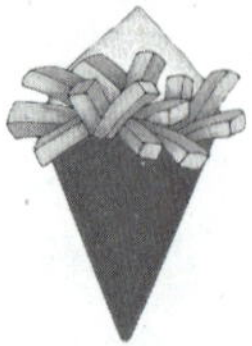

Pizza

Teller

Roller

Tasse

Tunnel

Bagger

Nummer

Pommes

Kreuze an

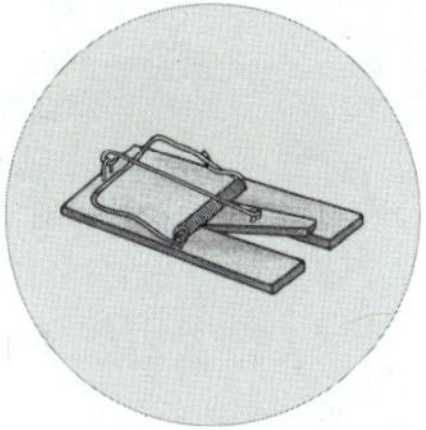

- [ ] Felle
- [x] Falle

- [ ] bitter
- [x] Butter

- [ ] Tanne
- [x] Tonne

- [ ] Pappe
- [x] Puppe

- [x] Lippen
- [ ] Lappen

- [ ] Hummer
- [x] Hammer

Verbinde

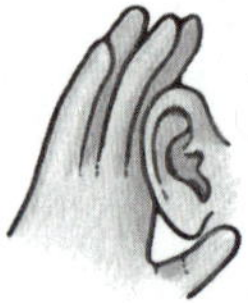

Öl

Öfen

Löwe

hören

Löffel

Döner

Möwe

Bögen

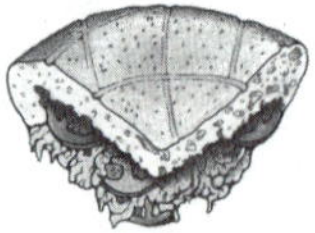

Verbinde

Tür

Müll

Tüte

Hüte

Bügel

Nüsse

Küken

Rüssel

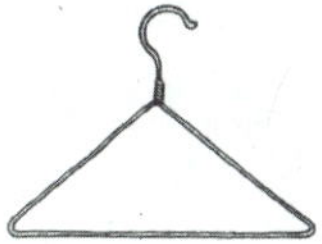

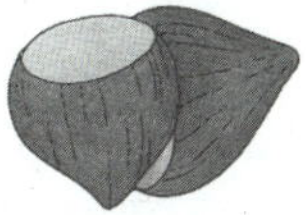

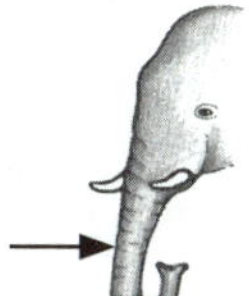

Verbinde

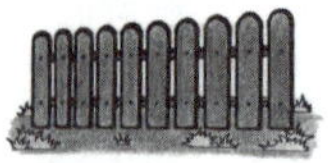

Auto

Haus

Zaun

Maus

Baum

Taube

Mauer

Daumen

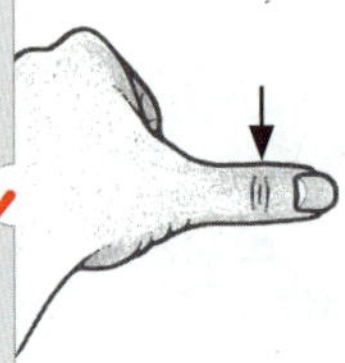

Kreuze an

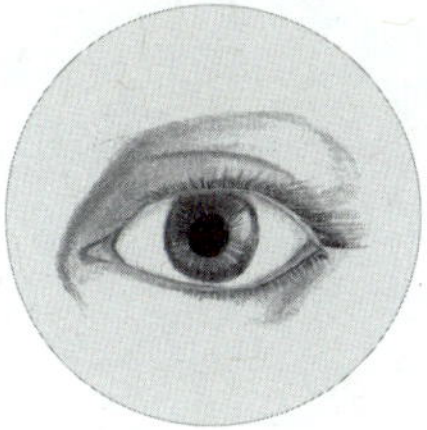

- [ ] Auto
- [x] Auge

- [ ] Baum
- [x] bauen

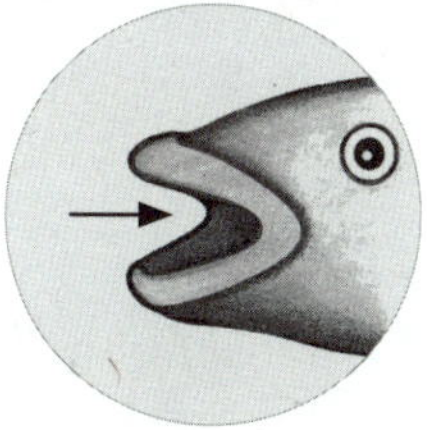

- [x] Maul
- [ ] Maus

- [ ] Laune
- [x] laufen

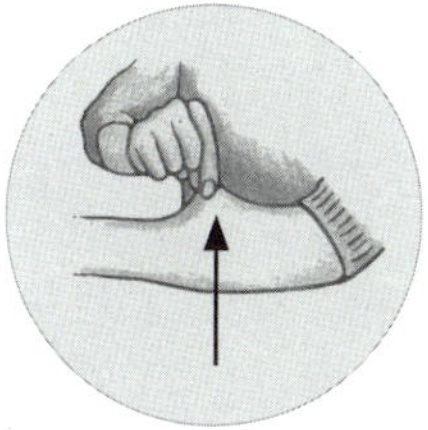

- [x] Haut
- [ ] Haus

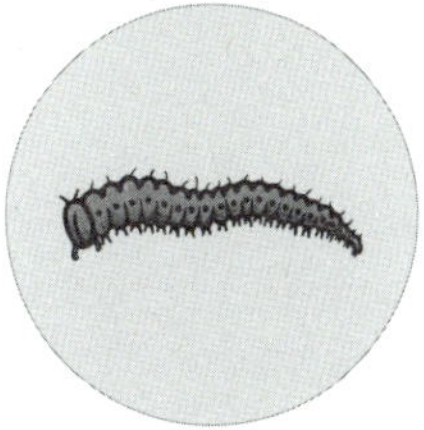

- [ ] Raum
- [x] Raupe

Verbinde

Elf

Arm

Film

Fünf

Frau

Wolf

Zwölf

Wurm

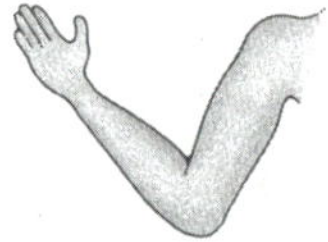

Verbinde

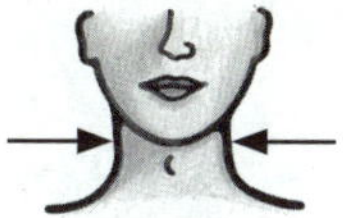

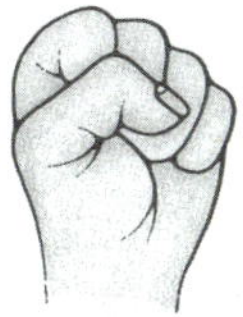

Ast

Post

Hals

Nest

Mast

Gans

Faust

Wurst

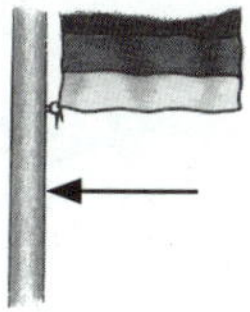

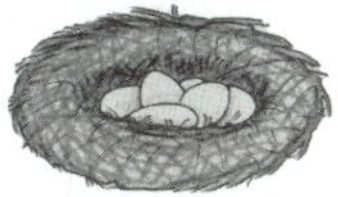

Verbinde

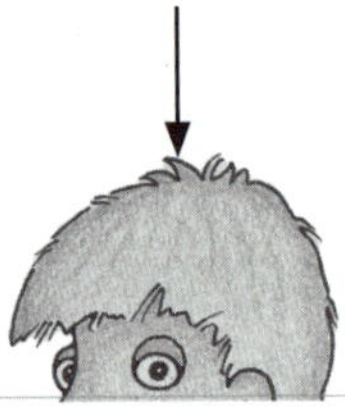

Insel

Frisur

Wölfe

Lanze

Felsen

Ranzen

Münzen

Flamme

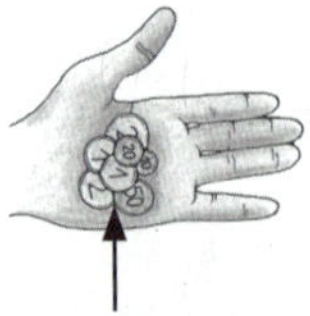

Verbinde

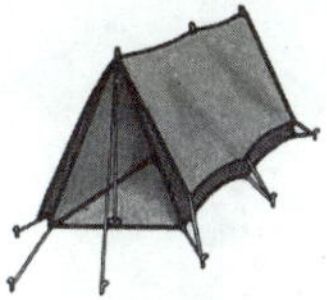

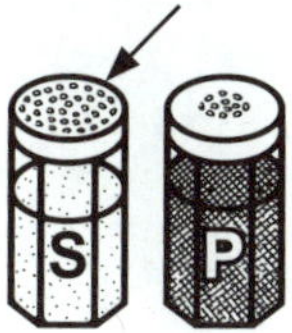

Gift

Pilz

Zelt

Heft

Salz

Holz

Herz

Helm

Verbinde

Pilze

Flöte

Delfin

Pinsel

Flügel

Palme

Helme

Lanzen

Verbinde

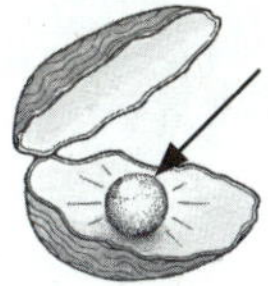

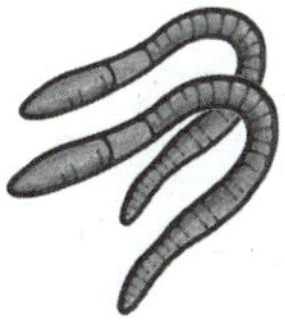

Birne

Perle

Arme

Kerze

Würfel

Wurzel

Laterne

Würmer

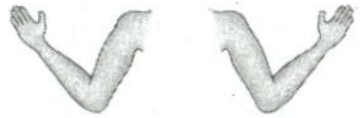
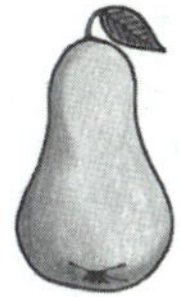

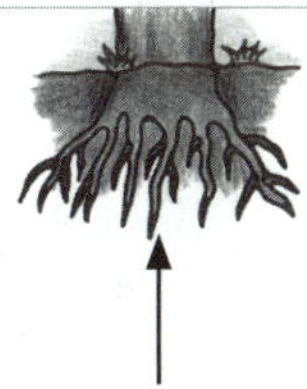

Verbinde

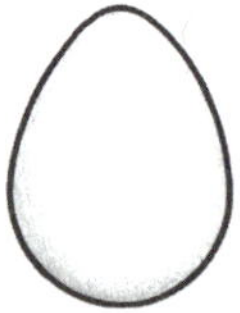
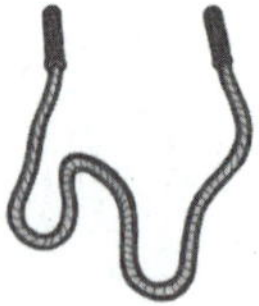

Ei

Eis

Seil

Eins

Leiter

Eimer

Zweige

Ameise

Kreuze an

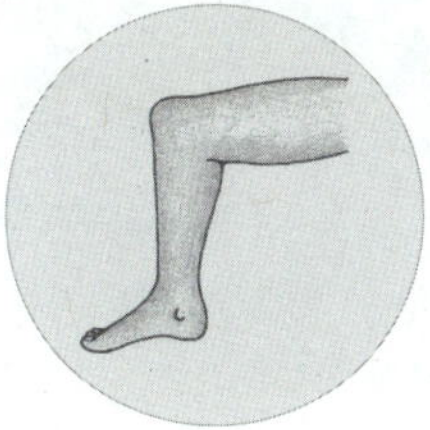

☐ Beil

☒ Bein

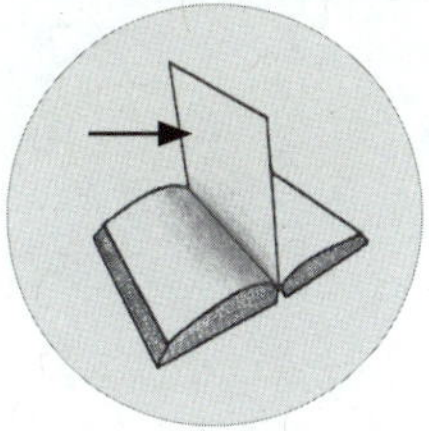

☐ Seife

☒ Seite

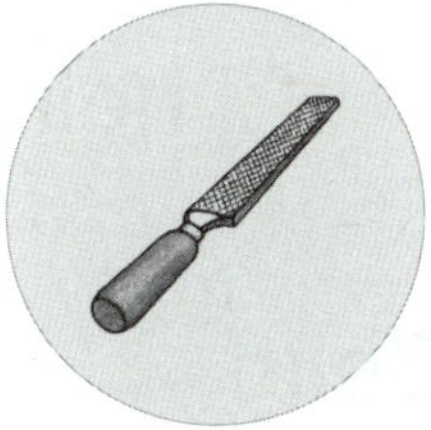

☒ Feile

☐ Feier

☐ Zeilen

☒ Zeiger

☐ leise

☒ Leine

☒ weinen

☐ Weizen

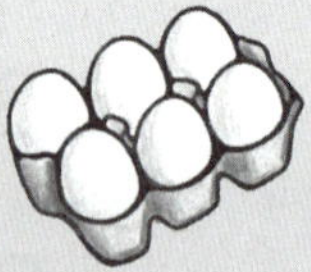

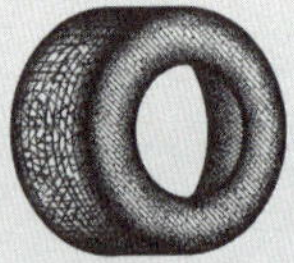
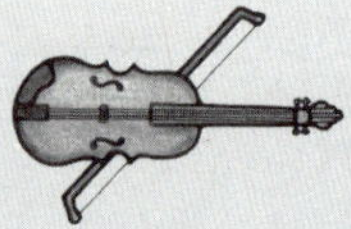

Zeit ☐ ja ☒ nein	Zwei ☒ ja ☐ nein	Geige ☒ ja ☐ nein
Reifen ☒ ja ☐ nein	Eiter ☐ ja ☒ nein	Zeile ☐ ja ☒ nein
Reise ☐ ja ☒ nein	Eier ☒ ja ☐ nein	Reis ☐ ja ☒ nein

Verbinde

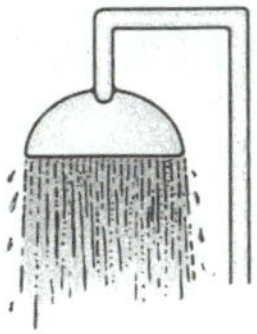

Tisch

Fisch

Schal

Schaf

Schule

Schere

Dusche

Muschel

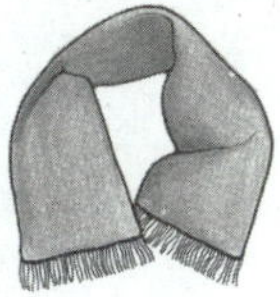

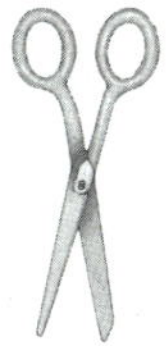

Kreuze an

- [x] Schale
- [ ] Schafe

- [x] Schwan
- [ ] Schwamm

- [ ] Tische
- [x] Tasche

- [ ] Schaufel
- [x] Schaukel

- [ ] frisch
- [x] Frosch

- [ ] Schüler
- [x] Schürze

Kreuze an

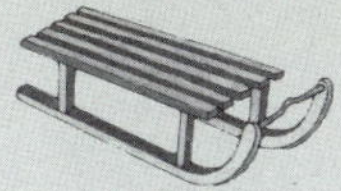

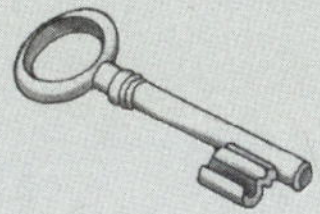

Schloss ☒ ja ☐ nein	Fleisch ☐ ja ☒ nein	Schleife ☒ ja ☐ nein
Schirm ☐ ja ☒ nein	Schraube ☒ ja ☐ nein	Schüssel ☐ ja ☒ nein
Schlitten ☒ ja ☐ nein	Flasche ☒ ja ☐ nein	Schlüssel ☒ ja ☐ nein

Verbinde

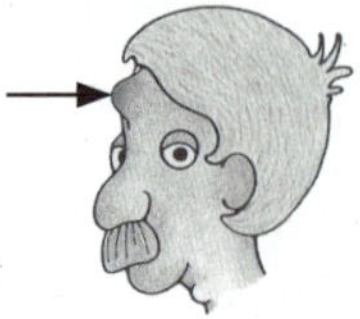

Heu

Eule

Euro

Neun

Euter

Keule

Beule

Feuer

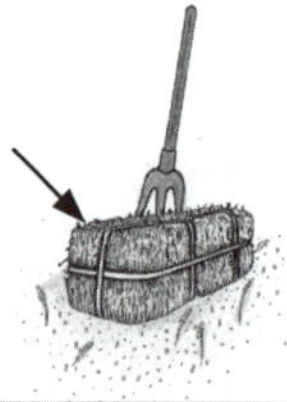

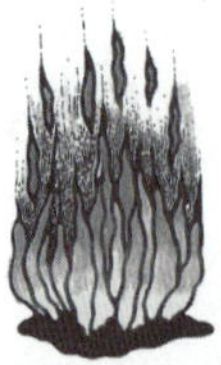

Verbinde

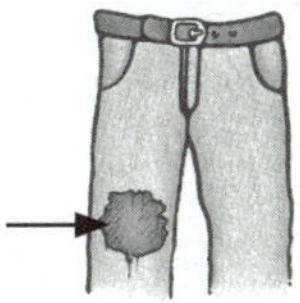

Acht

Bach

Koch

Buch

Loch

Bauch

Locher

Kuchen

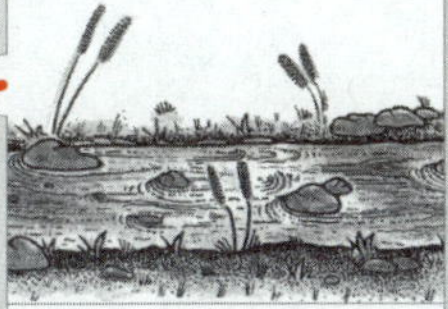

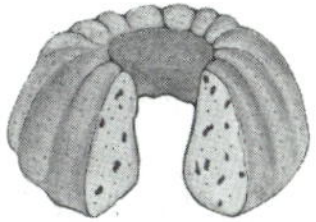

Kreuze an

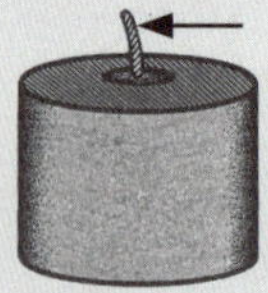
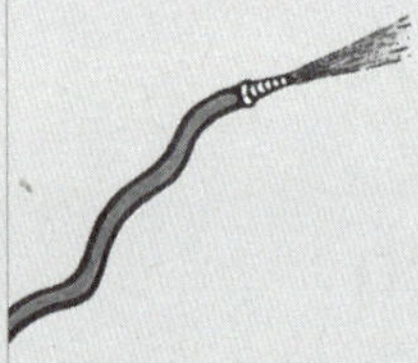
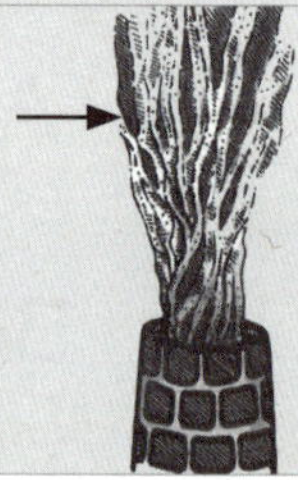
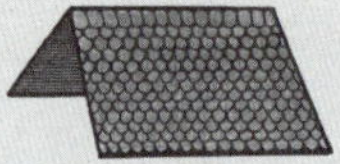

Dach ☒ ja ☐ nein	Lauch ☐ ja ☒ nein	Woche ☐ ja ☒ nein
Fach ☐ ja ☒ nein	Nacht ☒ ja ☐ nein	Taucher ☒ ja ☐ nein
Tuch ☐ ja ☒ nein	Rauch ☒ ja ☐ nein	Schlauch ☒ ja ☐ nein

Verbinde

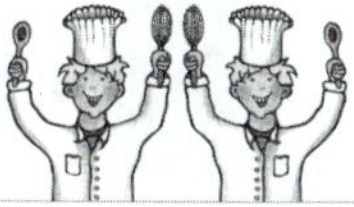

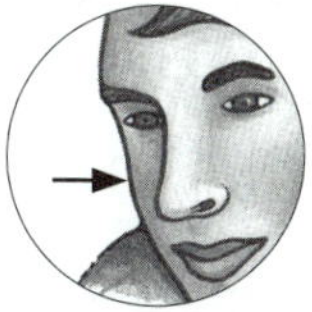

Elch

Licht

Milch

Eichel

Köche

Becher

Bücher

Gesicht

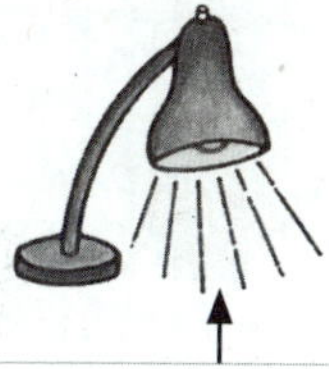

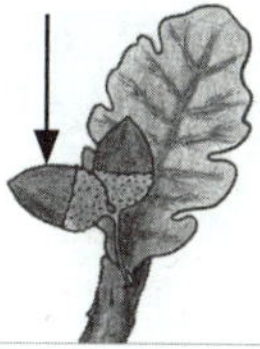

Verbinde

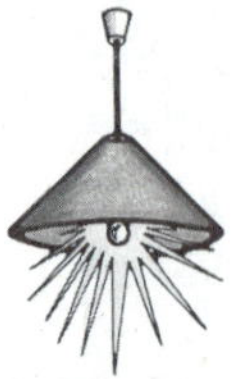

Ente

Liste

Kiste

Laster

Wolke

Ampel

Lampe

Mantel

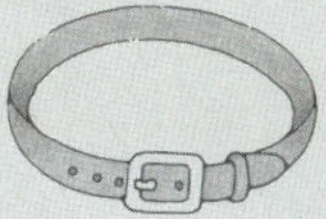

Harke ☐ ja ☒ nein	Gurke ☒ ja ☐ nein	Birke ☐ ja ☒ nein
Zirkus ☒ ja ☐ nein	Garten ☐ ja ☒ nein	Torte ☒ ja ☐ nein
Körper ☐ ja ☒ nein	Zirkel ☒ ja ☐ nein	Gürtel ☒ ja ☐ nein

Verbinde

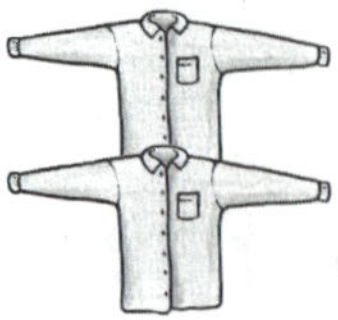

Bilder

Panda

Hunde

Kinder

Rinder

Monde

Schilder

Hemden

Kreuze an

    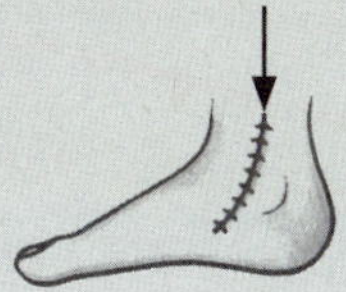 

Narbe ☒ ja ☐ nein	Farbe ☒ ja ☐ nein	Kürbis ☒ ja ☐ nein
Berge ☒ ja ☐ nein	Orden ☐ ja ☒ nein	Arbeit ☐ ja ☒ nein
Körbe ☐ ja ☒ nein	Erde ☒ ja ☐ nein	Scherben ☒ ja ☐ nein

Verbinde

Ziel

Ziege

Biene

Wiese

Papier

Sieben

Zwiebel

Schienen

Verbinde

Stift

Stau

Stier

Stein

Stufe

Storch

Stiefel

Stacheln

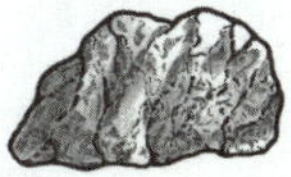

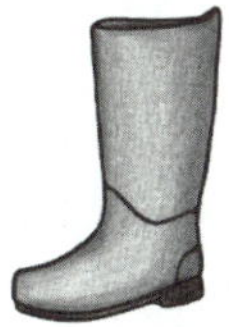

Kreuze an

- [x] Stiel
- [ ] Stich

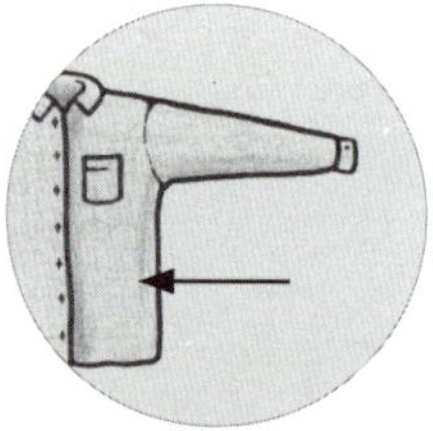

- [x] Stoff
- [ ] Stolz

- [x] Sterne
- [ ] Stürme

- [ ] Stall
- [x] Stamm

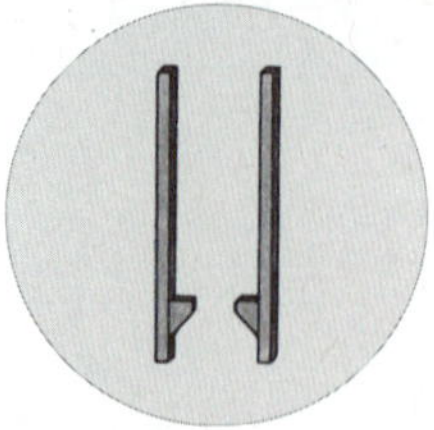

- [ ] stürzen
- [x] Stelzen

- [ ] Stapel
- [x] Stempel

Verbinde

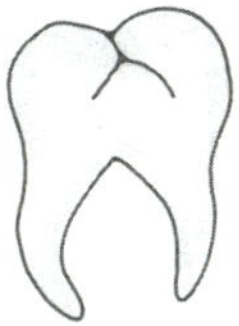

Ohr

Uhr

Rohr

Zehn

Zahn

Sohn

Hahn

Huhn

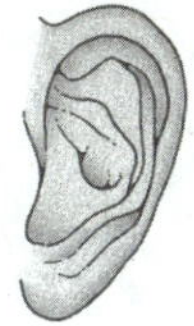

Kreuze an

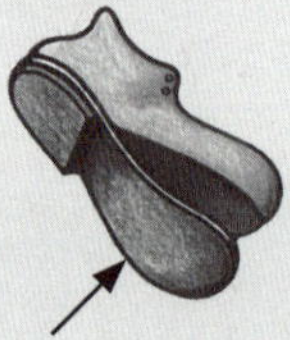  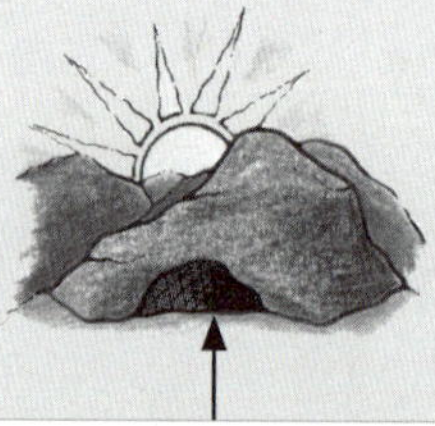   

Stuhl ☒ ja ☐ nein	Sahne ☐ ja ☒ nein	Rahmen ☒ ja ☐ nein
Bohne ☐ ja ☒ nein	Sohle ☒ ja ☐ nein	Fahne ☐ ja ☒ nein
Möhre ☒ ja ☐ nein	Höhle ☒ ja ☐ nein	Stahl ☐ ja ☒ nein

Kreuze an

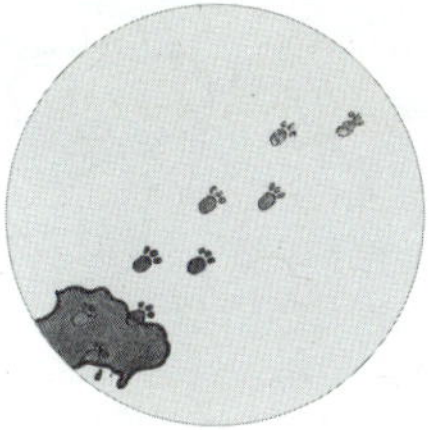

- [x] Spur
- [ ] spülen

- [ ] Spiele
- [x] Spiegel

- [x] sparen
- [ ] Spaten

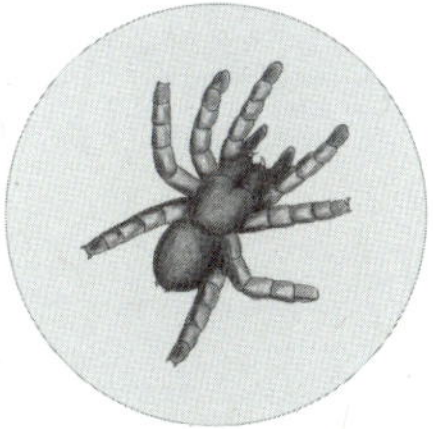

- [ ] Spinat
- [x] Spinne

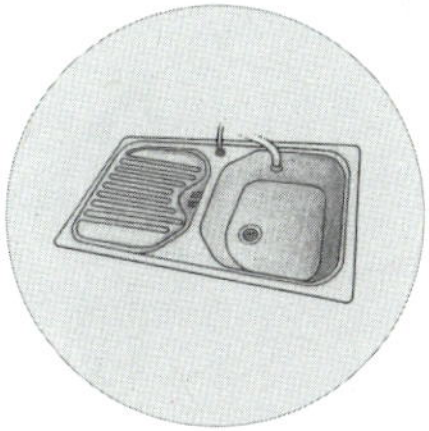

- [x] Spüle
- [ ] spüren

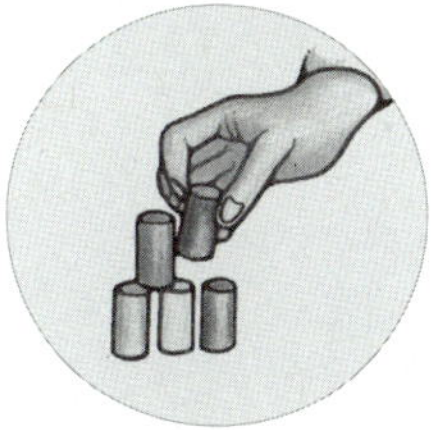

- [x] spielen
- [ ] Spiegelei

Verbinde

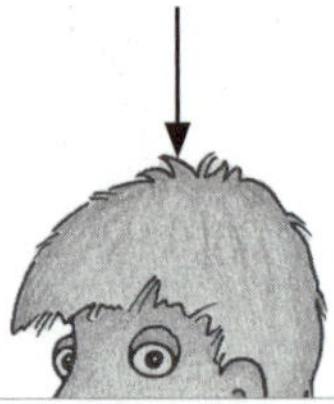

Tee

Boot

Meer

Speer

Haare

Waage

Beeren

Schnee

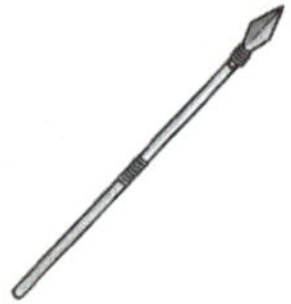

Verbinde

Sack

Hecke

Decke

Socken

Rücken

Wecker

Stecker

Besteck

Kreuze an

- ☐ Stück
- ☒ Stock

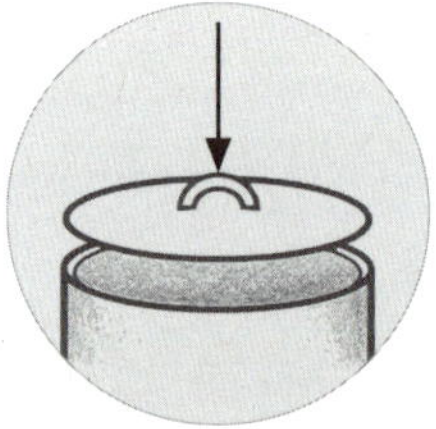

- ☒ Deckel
- ☐ Dackel

- ☒ Jacke
- ☐ jucken

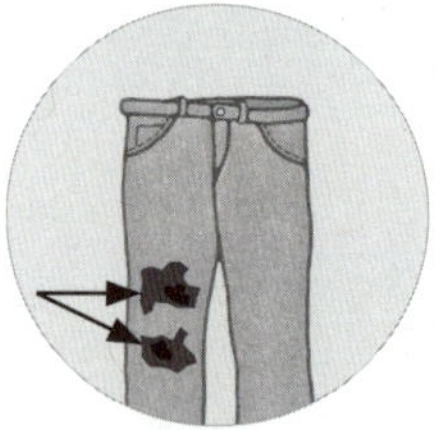

- ☒ Flecken
- ☐ Flocken

- ☐ Hecken
- ☒ Hocker

- ☒ Schnecken
- ☐ schmecken

Verbinde

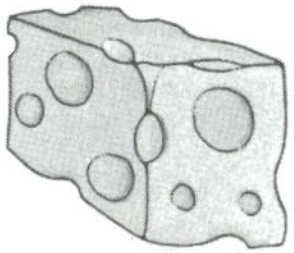

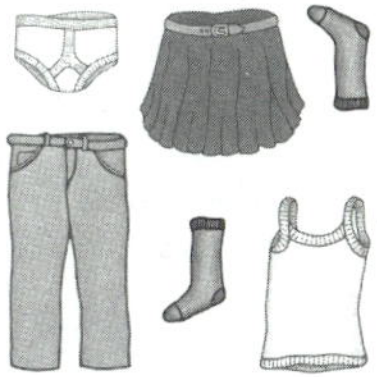

Bär

Käse

Säge

Käfer

Jäger

Nägel

Zähne

Wäsche

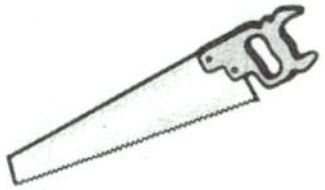

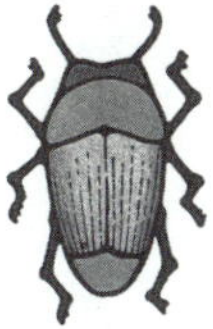

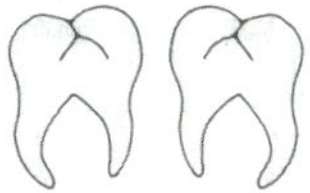

Kreuze an

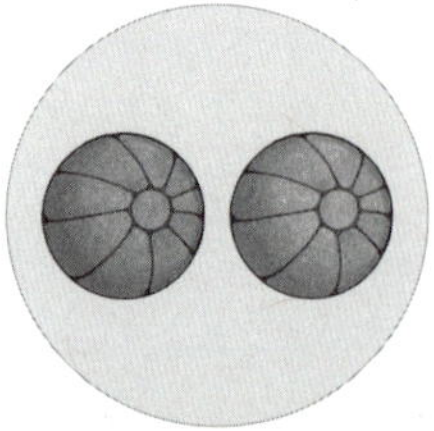

- [x] Bälle
- [ ] Bäche

- [ ] Fächer
- [x] Fässer

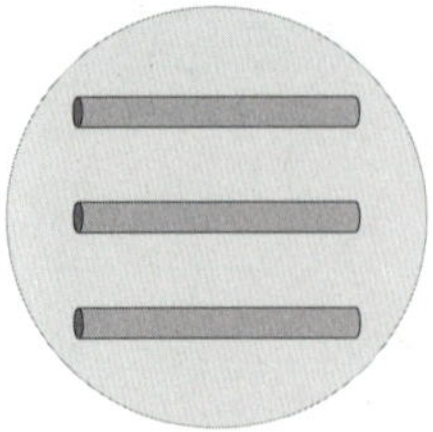

- [x] Stäbe
- [ ] Stärke

- [x] Räder
- [ ] Ränder

- [ ] Länder
- [x] Lämmer

- [x] Schwäne
- [ ] Schwämme

Kreuze an

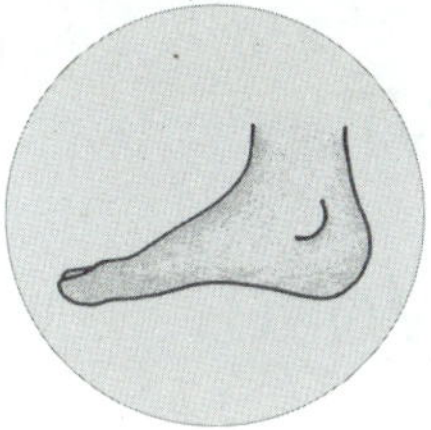

- ☒ Fuß
- ☐ Fleiß

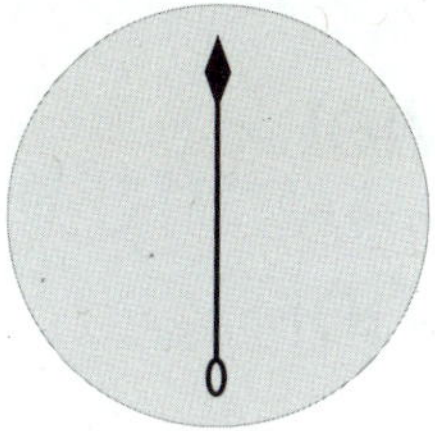

- ☐ Spaß
- ☒ Spieß

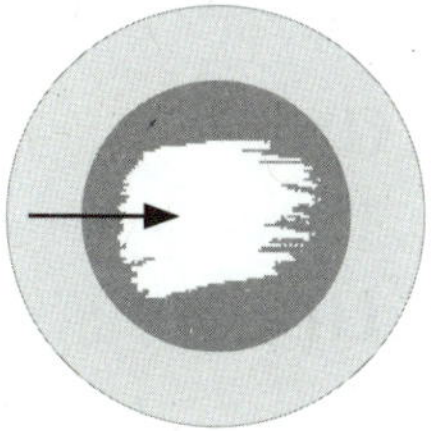

- ☐ heiß
- ☒ weiß

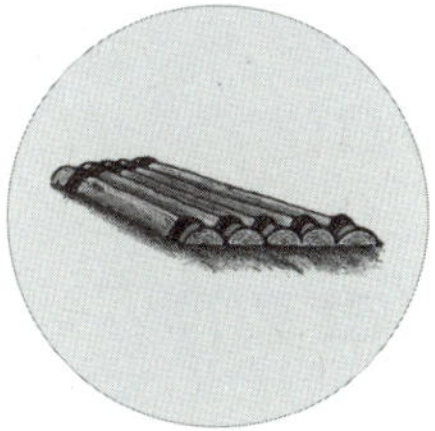

- ☒ Floß
- ☐ Fraß

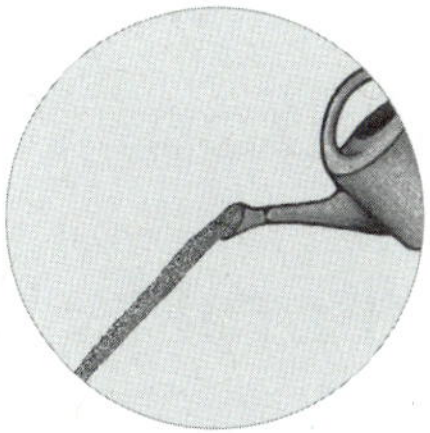

- ☒ gießen
- ☐ heißen

- ☐ Späße
- ☒ Gefäße

Kreuze an

- [ ] viel
- [x] Vier

- [ ] Villa
- [x] Vase

- [x] Vater
- [ ] Verein

- [ ] Lava
- [x] Kurve

- [x] Vogel
- [ ] Verbot

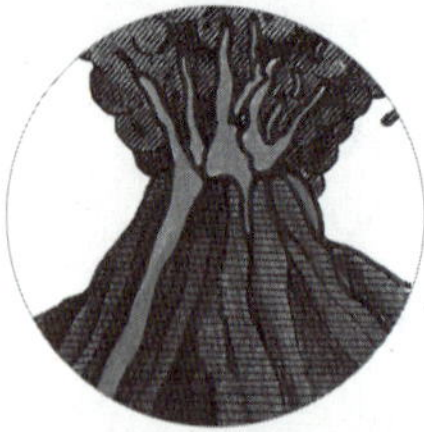

- [x] Vulkan
- [ ] Vitamine

Verbinde

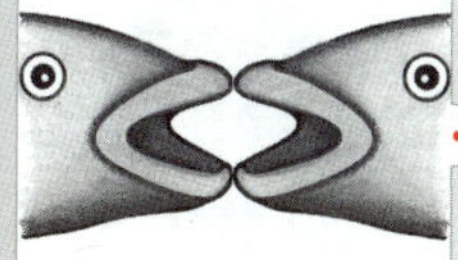
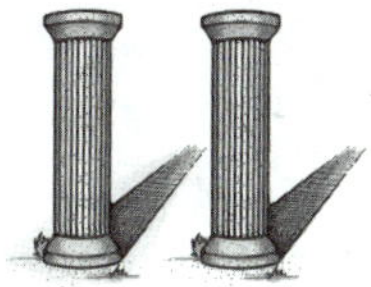

Läufer

Zäune

Mäuse

Mäuler

Bäume

Säulen

Häuser

Bäuche

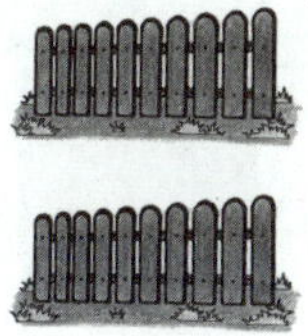

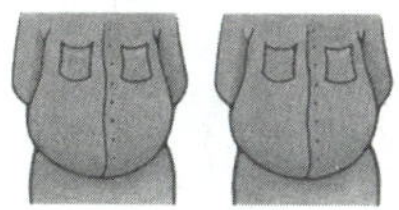

Topf

Pfau

Zopf

Pfeil

Kopf

Pfote

Apfel

Pfeife

Verbinde

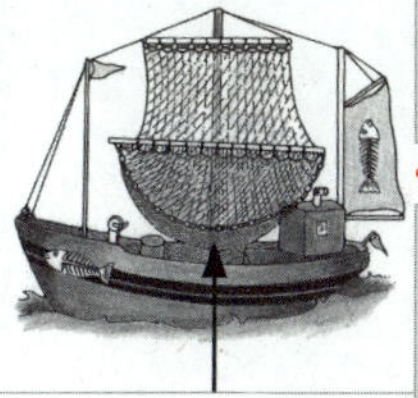
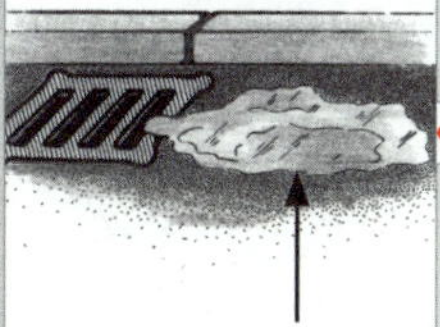
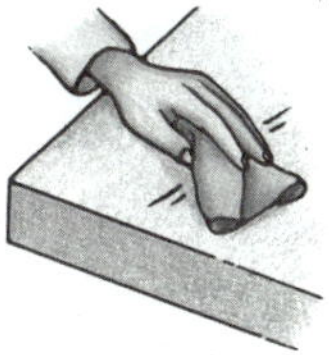

Netz

Tatze

Katze

Mütze

Spitze

Pfütze

putzen

Schatz

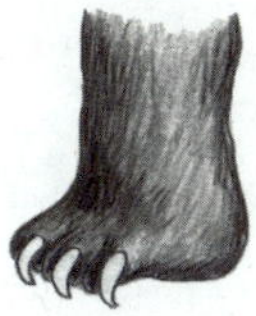

Verbinde

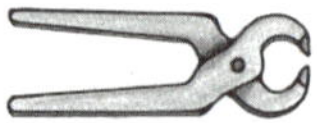

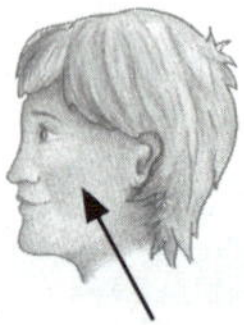

Angel

Junge

Zange

Zunge

singen

Wange

Stange

Zeitung

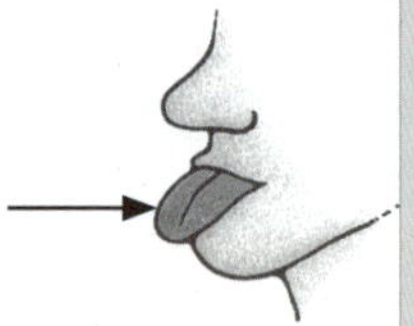

Kreuze an

- [x] Ring
- [ ] Rang

$1+1=2$ ↑

- [ ] lange
- [x] Lösung

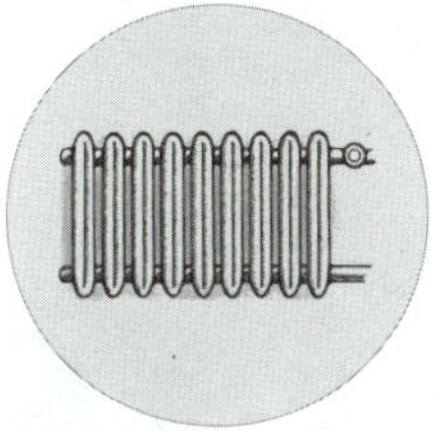

- [ ] Hunger
- [x] Heizung

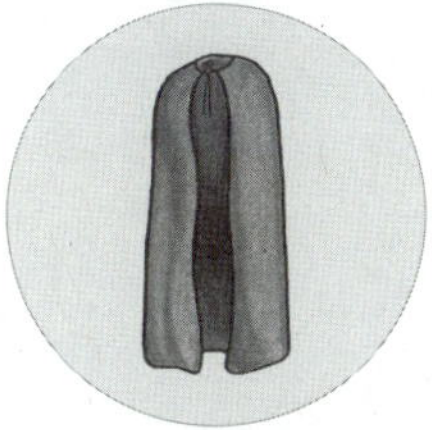

- [ ] Umfang
- [x] Umhang

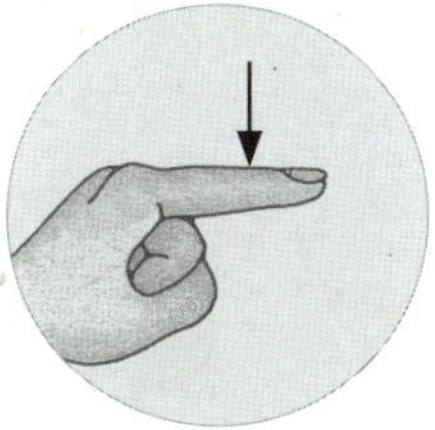

- [x] Finger
- [ ] fangen

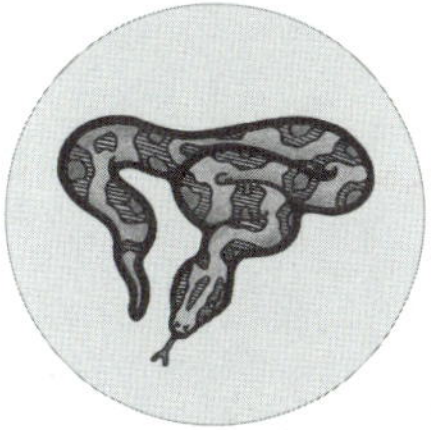

- [ ] Schlinge
- [x] Schlange

Verbinde

nk

pink

Bank

Anker

Lenker

winken

Henkel

Schrank

Geschenk